INVENÇÃO
DO
FOGO

INVENÇÃO DO FOGO

Posfácio
Rodrigo Petronio

1ª edição | São Paulo, 2021

ARIANE ALVES

LARANJA ● ORIGINAL

O homem está em extrema penúria.
Gustav Mahler

SUMÁRIO

I	9
II	10
III	11
IV	12
V	13
VI	14
VII	15
VIII	16
IX	17
X	18
XI	19
XII	20
XIII	21
XIV	22
XV	23
XVI	24
XVII	25
XVIII	26
XIX	27
XX	28
XXI	29
XXII	30
XXIII	31
XXIV	32
XXV	34
XXVI	35
XXVII	36
XXVIII	37
XXIX	38

XXX	39
XXXI	40
XXXII	41
XXXIII	42
XXXIV	43
XXXV	44
XXXVI	45
XXXVII	46
XXXVIII	47
XXXIX	48
XL	49
POSFÁCIO	51

I

Cada um tem sua prisão
Um canto

Veja
Desses colares
Nasceu um aroma de lavanda

O silêncio navega noite adentro

E as órbitas se contam
Nos dedos das mãos

II

Nestes campos arados
Enterrei seu nome.
Trêmulas
Duas tulipas despontam
E pressinto ao redor do sol
A sombra de teu rosto.

O orvalho clareia meus olhos adormecidos.

Posso começar.

III

O oceano é o sono do universo.
Entre as rochas ressoam duas asas.

Noite.
Mãos espalham vaga-lumes.
Amanhece –
Um relógio, o silêncio, passos.

A Terra recende a seu aroma: almíscar.
Gerânios despontam no centro do mundo.
Sobre meu dorso
O outono depositou suas folhas.

Renasço.

IV

Vivo desse desejo:
Sibilar as palavras em repouso.
Resgatar minha sombra.
Entregar meus cílios
À sua fronte.
Retraduzir suas mãos.
E assoviar do fundo desta cratera
Para senti-lo vivo.

V

A palpitação nas têmporas.
O peito veste-se de névoa.
Cinza e flama na epiderme.

Trago nas mãos uma lembrança imaterial.

Pegadas na sala de estar vazia:
A única imagem possível de ti.

VI

Amor.
Hora insone.

Ansiedade por sentir-se
Real.
Pássaro que repousa no asfalto.

VII

Carrego suas partículas.
O vento toca a face.

As coordenadas dessa tarde
Lançaram-me em feixes de auroras.

Sua retina separa a treva do despertar.
Retenho nos ossos
A centelha dos dias.

O louco prossegue
Riscando arabescos no barro.

VIII

As sílabas se dissolvem
Nesse mundo de esperas.

Flutua a fratura do silêncio.

Sou esse sopro.
Naufrágio de pássaros.
Um canto que transmigra.

Ulisses no seio da Terra.

IX

A fechadura e suas antigas parábolas:
Memória e fumaça.

Na curva do tempo
Dedos acariciam a aurora.
Nasce o espanto.

A criança ainda dorme.
Expira.

Inspira.
O halo ambarado pousa na pele.

Descanso com os pés imersos na vida.

X

A cada verso –
O tempo e sua síntese.

Quem conhece a vida.
Murmuramos nossos fantasmas.

A cada noite
O retorno ao rio
À infância
Pés de arenito
Percorrem o organismo.

Em cada janela ouvimos ressonar
Aqueles que esperam o sol.

XI

As paredes anunciam
Um pranto distante.

Um sono de arsênico
Apaga as sombras.
O corpo e as constelações:
Percurso rumo ao deserto.

O mar se torna ilha.
A areia se liquefaz.

XII

A brisa entrega ao estrangeiro
Os despojos dos pais adormecidos.
O casaco onde o ancião guardou uma palavra.

Não tenho consciência para dizer:
E agora?

Interrogo a farpa da memória.
O cristal e os destroços.

A água do sonho se perde numa caverna de promessas.
A alma se esconde no mármore
O vento leva a face de meu pai.

XIII

As mãos modulam o sol.
Teus olhos são sangue e silêncio.

Sabe reconhecer o fim.
O ruir dos ossos.
As árvores trinando tristezas.

Teu corpo renasce em um coral.
A morte não é um pedaço de marfim.

XIV

Sinto as horas.
Teu corpo sobre a cama.
Teus olhos desfeitos em ar.

Não posso ir à fonte.
Desconheço seu percurso.
Carrego os anéis do dia.
Nesse país de criação e morte.

Sabemos que uma ferida se anuncia.

A casa está aberta.
Irás me encontrar.
Sempre.
Nesse rito inaugural
De arar as cinzas de uma ave.

XV

Meu único desejo:
Adormecer nesse retrato.

Os braços estendidos sobre a mesa
Contêm o incêndio de cada minuto.
Facas se voltam contra o sol.

O corpo:
Abrigo dos cinco elementos.
Os vestidos.
Dissolução das nuvens.
A chuva.
Tua transpiração.

O peito se retorce em uma só afirmação:
Falar
É entregar as armas ao assassino

Sem saber que o silêncio divide minhas vértebras.

XVI

Um pássaro de zinco
Leva teus cabelos.

As canções adormeceram
Naquele dia, na estrada rumo ao azul.

Em alguma esquina
A criança é pedra.

Sapatos cochilam no umbral.

Tudo é despedida.

As percepções se dissolvem.
Como o sol viola a noite
Adormeço.

O último hálito
É essa fenda no espelho.
O silêncio do suicida.
O sussurro nos sonhos.
A pele que resta nas mãos do leproso.

XVII

Dentro da escuridão
Faces de fumaça inauguram os jogos dos mortos.

Dentro da escuridão
A mudez das mãos afasta a poeira dos ossos.
Os pais se concentram na prece
As mãos contra a porta dos manicômios.

Dentro da escuridão
A jornada dos séculos toca o ritual do útero.

Dentro da escuridão
O sussurro do fuzilado e a morte do ar.
A canção do pólen se espalha entre a espinha e a carne.

Dentro da escuridão
O sono da semente pousa sob o deserto
Onde dois homens se apagam.

Dentro da escuridão
Alguém abaixa os olhos e o chapéu e se cala.

XVIII

Os meninos revolvem o solo.
Buscam a origem do tempo
A síntese da Terra nos nomes minerais:
Hematitas, quartzos, cristais.
Um corpo dorme entre os grilos.

Nenhuma palavra pode atravessá-lo.
Nenhum sopro é vital.

Os meninos revolvem o solo.
A Terra mais escura, a Terra mais viva.
Sementes, raízes, fluxos
Das seivas, águas, corpos, organismos.

O começo, o fim.
Sempre o começo.

A cabeça se verga no esquecimento.

A nudez é um princípio de imortalidade.

XIX

Esse rosto
Assistiu aos naufrágios.
Conheceu a idade da Terra
Das mãos
Do desamparo.

Esse corpo
Não encontra cura.
Inspira o hálito dos homens vazios.
Enegrece as esferas dos espelhos.

Vejo agora as gaivotas.
Sim: estamos salvos.

Nós, numa esquina,
Ouvimos o sono dos amantes de cristal
E não pudemos retornar.

Nós vimos o sono dos cílios
De cada criança
E sentimos: é tempo de incendiar a casa.

É tempo de esconder entre as mãos de sal
A parcela de nossos sonhos
E viver.

XX

Sempre soube que os fantasmas respiravam.
Que teus pés desejavam o repouso das águas.
E teu pai era um homem perdido
Entre as árvores e as maçãs.

O inverno haveria de chegar.
E tocaria tuas mãos de calcário
Irrompendo as horas ao bater as asas de dois rouxinóis.

Amigo
Creias no teu silêncio.

A fratura de tua infância une-se à lâmina do tempo.
Nenhuma síntese ou completude.
Os deuses são vertiginosos.
Os deuses dormem para que repouses.

O dia nasce
Para que me encontres sozinho
Nessa praça em que o céu se reparte em escalas
E uma voz desate as dores de se saber humano.

Posso abrir a última porta?

XXI

Um punhado de terra revela teu corpo.

Durante anos esqueci que respiravas
Profundamente.

Teu sopro percorre meu sangue
As calçadas da memória
Os rastros do fogo
Os braços de dois rios desencontrados.

É simples te supor entre minhas letras.
Nos meus olhos fixos no asfalto.
E revelam dois pássaros assustados
Rebelando-se contra o céu.

Ainda há muita vida.

O pulso irrompe o fluxo das seivas.
Corpos adentram estradas brancas.
Constelações decidem a arquitetura das distâncias.

Estou aqui.
Ao sol.
No centro do mar
Com o vazio das palavras
E o eco das orquestras submersas.

XXII

O vento transmuta toda a Terra
Para que eu sinta a eternidade das mãos.

Há alguém sozinho
No centro da sala
Relendo cartas e esperando
O sol se diluir.

A noite traz o descanso.
E a memória empunha seus mastros
Nesse deserto.

Pensar no quanto o corpo esperou
Por tantas canções
Por tanto tempo
Por tantos lábios.

Estou presa às tuas camisas.
Aos cabelos
Aos pés
Às horas de sacrifícios e de orações ao fogo.

Às ilusões da vigília.

XXIII

1
A vida se constrói agora.

A porta se abre
Para que você renasça
E teus olhos vejam
Além das fronteiras
A cabeça baixa
Os passos vacilantes

Mais uma vez aceno
Os galhos retorcidos
Abraçam tua casa.

Mais uma vez aceno
De uma colina rente ao céu.

2
Pensaste que o homem
Fosse a máquina.
Mas agora uma vogal respira.
Uma primavera anseia por tua voz.

Qual será a profecia dessa noite?

XXIV

1
Falou das árvores e de seus ancestrais.
Do corpo e do musgo.

Baixou as pálpebras
Em busca do mundo
Entregue ao espaço entre os dedos.

Tinha medo do silêncio das crianças.

2
Atravessa o rio.
As esferas do universo
Giram em torno de teu corpo.

Veja o ouro desse dia.

Venha.
É hora.
As vozes da criação
Ressoam na cidade adormecida.

Parado
Entre os ombros das montanhas
Esperando a chuva e o vinho
Os mortos em êxtase
A vida é muito pouco
Para a carne.

E as águas fluem
Entre o limite da Terra
E a febre de teu pulso.

XXV

A absolvição do criminoso esvazia sua consciência.

Resisto à chuva.
Sei que envelheço.

O que aguardo diante da porta?
O que semear entre as passagens?

Sustentei as ausências
Em minhas omoplatas.
Poderei erguer os olhos e ser outro?

Bebo
Sem nenhum parceiro do outro lado da mesa.

Fui aquele garoto
Que se partiu ao meio para sentir.
Os passos evocavam os grãos cintilantes
Das eras.

Agora paro.
Avisto as asas se entregarem ao céu.
A cada dia adentro o percurso do sol.

E as orações ecoam na sala escura.

XXVI

Nada reconheço.
Ainda não nascemos.
O silêncio é enorme.

Os olhos criam a luz.
Sabemos que o sono é breve
E o corpo nos conduz ao desejo
Que nos esvazia e recria.

O dia entrega-se a códigos.
Imagens e memórias de uma música seca.

Meu irmão em delírio
Não ouve a chuva.
Não vê a face partida
Nem a sombra de Deus percorrendo a parede.

Do outro lado da rua nunca vista
A menina estica a blusa
Cobre o pulso onde dorme a cicatriz

E sorri.

XXVII

Ergue-se o vazio e a ressurreição.
O que era silêncio
Atravessa-me: sempre novo.

O tempo é essa face redescoberta.
As imagens nos conduzem até aquela orla
Marcada por outros passos
Onde não me reconhecem.

Sombra a sombra
Há alguém aguardando?

Hoje escrevo
Sobre o que faz tua carne pulsar.
A memória, o sangue.

A redenção.

XXVIII

Ninguém conhece tua dor.
Nem as ruas pelas quais passou
Preso às roupas gastas
Às memórias de ausências
Ninguém.

O deserto – única realidade dos teus passos.
Nesse mundo de espera.
Nesta cidade inexistente
Onde dormimos e esperamos o sol.

As palavras não têm passado.
Têm silêncios.

Clama a um Deus adormecido
Porque o abandono é a lembrança
Da casa e seus móveis intocados.
A oração sem sibilar
Imagens multiplicadas
Do azul ao branco.

Resta somente um feixe de luz.
O vento soprando o vazio.
O homem diante do poço
Em busca do rosto perdido.

XXIX

Contava o tempo em grãos de sal.
Conheceu o amor
Entre duas vozes
Repletas de fendas.

O corpo morre.
Resta o indizível.
O mistério das células.

O esquecimento diante do vazio.

O homem renasce: a consciência da carne.
As janelas respiram.
O verão invade as portas.

Há outro tempo.
Tecido entre as águas
E a invenção do fogo.

XXX

Raízes em uma terra seca.
A sede dos anciãos.
Mãos onde nada cabe.
Esse é o tempo em que nasceste
Entre a promessa da chuva e do outono.

Toda memória é permanência.

Chegaste à casa
E havia pão.
Pronunciaste as sílabas de um nome.
A Terra se cobriu de silêncio.

Os amantes ressoam.
O ventre de uma mãe
A promessa da nudez
Das lembranças antecipadas.

Diante das janelas
A transfiguração do mundo.
Alguém acena.
O menino sobe as colinas.

É o começo.

XXXI

Todos os dias a criança me olha, escondida atrás de um muro onde o beijo é uma promessa e os cabelos exalam o frescor da tarde – cheiro de camomila.

Todos os dias a criança me olha, para que a infância retorne à face e o tempo embaralhe seu fluxo natural.

Todos os dias a criança me olha e o sorriso existe diante da face de pedra.

Todos os dias a criança me olha. Não conhece a reminiscência. As perguntas tornam-se respostas e as vogais, músicas cantadas pela manhã.

Nas primeiras palavras não há limites.
Os pequenos animais, a arquitetura das aranhas, a pele da mãe: as coisas se gravam na palma das mãos.

Todos os dias.

O silêncio das crianças que brincam sozinhas

E foi assim que te vi pela primeira vez.

XXXII

Quando te vi criança.
Quanto te vi crescido.
Não sabia o que era o tempo.
Os dias se uniam às tardes ensolaradas.
O voo dos pássaros anunciava o infinito.

A eternidade se mostrava a cada dia.

Quando te vi crescido.
Quando te vi morto.
Descobri o choro de minha mãe.
A afasia de minha irmã.
A ação de meu irmão.

Quando te vi debaixo da terra
A imagem de Deus tornou-se rarefeita:
As ervas se expandiram até minha casa
Entre os animais que dormiam
E as águas que nunca nunca param de correr.

Pressinto a vida como aquilo que abandono.

XXXIII

Estrangeiro de todas as línguas
À espera das palavras.

O que está próximo é diálogo.
Tecido da fala.
Signo que se inscreve no silêncio.

Um homem caminha.
Não sabe para onde.
Somos de lugar algum.

Pedra, sal, mercúrio: transformação.

Em uma esquina te esperam.
O tempo não existe.
A memória não é o que vivemos.

São tempos de raízes.
Digo encontro.
Digo distância.
Nada é como víamos.
Tudo nos abandona e cresce
Entre os dedos que constroem a arquitetura do verbo.

XXXIV

Nenhum corpo pode sustentar a nossa vida.
Nenhum rio é demasiado extenso:
O horizonte corta o espaço
Constrói outra orla.

A curvatura da Terra abriga o mesmo sol.
Desta cidade à sua
o mesmo satélite.

As árvores renascem.
Faz frio na primeira noite do ano.
Faz calor na primeira noite do ano.
Mas nossos corpos são os mesmos
Quando fechamos os olhos e nos esquecemos no tempo.

É esse o tempo de cantar o amor.
O amor natural da pele, dos poros.
(Enquanto dormes percorro as calçadas vazias
E as árvores de nossa rua são palavras).
O amor pelo gesto, o nome e a voz.
Somos isso: um canto de permanências
Quando a espera atravessa os dias de verão.

XXXV

O menino vive no silêncio
Entre as árvores do quintal.

Os pássaros se escondem entre as folhagens.
Chuva e sol.
Terra úmida.
Floração.

A tarde é memória.
Tempo que se esboroa
Irradia as cores de um dia.

A partida é esperança de retorno.
Mais uma vez a roda cumpre seu trajeto.

Sempre algo se perde entre tantas permanências.

XXXVI

Meu amigo estava ali
Diante da porta
Um pé à frente
Anunciando a despedida.

Não é possível narrar.

E o poeta deixou um espaço
Longo entre os versos
Silêncio ou promessa?

XXXVII

Ulisses retorna.

Não há cicatriz.

As Moiras romperam seus fios.
Não há nomes.
Somos Ninguém.

São tempos de fronteiras.
De passo suspensos.
De uma prece escondida entre os dedos.

Repetimos as sílabas.
Ainda somos uma promessa.

XXXVIII

Todos os versos
Feitos para ti

Avançam para o vazio
Sem nome.

Tua ausência
É o silêncio do canto.
A palavra apagada.

Horas que não se cumprem.

XXXIX

O palco vazio ainda é linguagem.

Hamlet retira suas botas
Depois de um dia
Exausto
A pensar no rosto do tio
Na morte revelada no sobressalto.

Diante do trono sempre vazio
A figura espiralada.
Diante do trono
Na vertigem da loucura
De quem conhece alguma cifra
Algum código
Entre o corpo e o punhal.

E foi assim:
Entre as fronteiras do saber e do desconhecimento
Que o poeta cantou.

XL

Pela manhã não pensamos nos mortos. Não vemos rostos nas janelas, nem lembramos como é a casa onde ouvimos uma respiração.

A sete palmos, a sete palmos acima, a casa sobre os mortos. A árvore de uma ave ausente aguarda a chegada daquele que ainda não é o morto.

O morto nada sabe da morte. Ele dorme e respira em outro lugar, além do corpo e da voz. Da sua última camisa de sangue, de seus sapatos que descansam diante da porta.

O vivo sabe que é morto porque os olhos conhecem o fim dos pássaros e dos vegetais. As fotografias não guardam o morto – mostram ao vivo que a alma está em todos os lugares da casa, da rua, nos animais e nas árvores. Está no silêncio. O morto caminha pela memória.

A despedida é uma narrativa dos nervos.

O filho é o que mais sabe do morto quando o carrega nos braços. A mãe não acredita na morte – porque o filho é o pai. Sinto seu sopro quando uma oração se inicia na igreja vazia.

A vida não é breve e a morte é interminável. Ela nunca acaba para aquele que fica à janela esperando a palavra.

O corpo desaparece e o morto torna-se gigante. Volta, vestido de branco, rua abaixo, rua acima, rio abaixo, rio acima. Ressurge de negro em uma colina. O morto tudo silencia, menos a natureza.

A noite emprestou sua forma aos mortos. A vida sente o tempo e ela torna-se uma forma esquecida. O pai dizia – os mortos são adubo. E a criança morde a maçã.

POSFÁCIO

AS METAMORFOSES DA TERRA

Vicente Ferreira da Silva cunhou o neologismo transdescendência para definir a peculiar acepção que esse conceito adquire em Heidegger: uma transcendência descendente. Uma nadificação iluminadora. Uma ascensão em direção à Terra. Este excepcional livro-poema de Ariane Alves se ancora nesse mergulho transdescendente. Tangencia a experiência da perda e da morte a partir da linguagem. E transcende a negatividade da linguagem ao readquirir o sentido primordial da existência a partir do mundo.

Apoia-se em um fundo sem fundo, abismo inaugural da finitude. Dimensiona a fisionomia humana em uma clareira de precariedade, contingência e desabrigo. E justamente por isso consegue tocar alguns dos pontos mais sublimes da poesia contemporânea brasileira sem renunciar à negatividade essencial que a poesia do século XX nos ensinou a enfrentar. Este é um livro onde criação, morte e transfiguração se encontram, para lembrar a magistral sinfonia de Gustav Mahler, empregada aqui como epígrafe.

Contudo a negatividade ontológica é um ponto de partida não de chegada. Isso ocorre porque há uma tensão elementar e elemental em todos estes poemas. Uma articulação de sons e sentidos que enreda o leitor em uma trama de metamorfoses e imagens transumanas: pássaros, vozes, memórias, rios, animais e plantas. Seivas de latência, amor e presença em cada signo perdido, negado ou denegado. Porque a poesia não nasce de objetos perdidos. Nasce de objetos transacionais em constante renascimento: seres e faces que se preservam e sobrevivem à sua morte. Persistem na imanência circular dos dias. Ultrapassam nossas breves vidas neste intervalo de tempo, rumo a um futuro inacabado, onde também viveremos.

Este livro não explora essas feições da alteridade e essas heterofanias, essas epifanias do Outro, apenas na sua dimensão humana. Seres terrestres, aquáticos e aéreos permeiam todos os espaços vivos da Terra. Por isso, por mais deceptivos que pareçam em um primeiro momento, percorrer os poemas deste livro é respirar uma alegria trágica. Uma atmosfera afirmativa em cada uma de suas palavras e em cada uma de suas imagens de precisão e de beleza singulares. Como excelente poesia, Invenção do Fogo não ignora o peso e a leveza da existência e das palavras. Os poetas que Ariane ama e com os quais dialoga estão presentes em menções sutis, na dicção, na voz: Paul Celan, Arsenii Tarkovski, Peter Handke, Giuseppe Ungaretti, Carlos Drummond de Andrade.

Trata-se de um livro que aspira de modo tranquilo e cotidiano a um lirismo absoluto. Esse lirismo não consiste na ornamentação, na ênfase dos jogos de linguagem ou na exponencialidade da voz. Consiste em abrir-se à multiplicidade de vozes-entes que circulam pelas nossas percepções mais simples antes de serem nomeados e acolhidos dentro do poema. O poema é anterior ao poeta, diria Blanchot a partir de Hölderlin. Porque o poema é um vasto mundo de entidades. A infinidade de seres que nos percebem sem que os percebamos. E que querem ser percebidos sem que o saibamos. E que são percebidos ao serem preendidos nas teias da linguagem.

A voz da poesia surge do atravessamento de uma outra voz que emerge no poema por meio da aniquilação do poeta. Blanchot, Eliot, Lorca e Paz descrevem muito bem essa gênese da poesia fundada na alteridade. A estrutura eu-tu lançada por Ariane atinge esse lirismo absoluto justamente ao retomar a tradição mais arcaica da poesia, baseada na aliança primordial entre voz e dramaturgia. Esse espaço de interlocução com o tu ausente acaba por se transformar em um espaço transfísico de hospitalidade, como Levinas e Derrida pensaram o espaço da palavra.

O rosto do Outro inaugurado nestes poemas é o rosto do pai, dos familiares, dos amigos e dos amores. E há alguns claros lampejos e assinaturas de dor e de alegria nestas entrelinhas. Ulisses conseguiu retornar e ser acolhido no seio desta imensa Terra. Contudo, somos de lugar nenhum. Todos somos Ninguém. Habitamos aqui um país impermanente. Uma região onde o vento transmuta toda a Terra.

Nomear o passado é ainda assim uma forma de tentar reverter esse devir. Dar um contorno a um universo inacabado. Perder-se no jogo de espelhos dos mortos. Por isso, o lindo verso: "Toda nudez é um princípio de imortalidade". A elaboração do vivido em uma nova experiência é o fim e a potência de todo ato de criação, da vida e da poesia. A nudez é a maneira de afirmar a precariedade de nossa condição. Por meio da afirmação dessa precariedade inaugural, conseguimos vencer a morte.

As palavras não têm passado. As palavras têm silêncios. E os silêncios internos às palavras, transidos em cada um destes poemas, são forças imanentes que conseguem transformar a dor em liberdade. Mergulhamos nesse silêncio para podermos amar nossos mortos em liberdade. Esse reino do duplo domínio, de que fala Rilke, permeia toda poesia. Não por acaso, este livro começa com a morte e a mortalidade. E termina com a imagem de uma criança que morde uma maçã.

A poesia é o Paraíso da linguagem, sugeriu Valéry. Dentre as diversas interpretações dessa sentença, sugiro a seguinte: a poesia é aquela esfera que consegue reconfigurar os fragmentos passados em uma nova unidade, viva e transmundana. Um Éden que não é perda, mas promessa de renascimento. Como as metamorfoses de Nietzsche, a poesia animista de Ariane traduz nesta imagem final a sua convicção na imortalidade. Ao morder a maçã, a criança nos encaminha para a finitude. Ao mesmo tempo, permite-nos a existência de uma poesia por meio da qual conseguimos, simultaneamente, cantar a Terra e transcender a morte.

Rodrigo Petronio

© 2021 Ariane Alves
Todos os direitos desta edição reservados à Laranja Original.

www.laranjaoriginal.com.br

Edição
Filipe Moreau
Germana Zanettini
Imagem de capa
Walmor Corrêa
Projeto gráfico
Iris Gonçalves
Produção executiva
Bruna Lima

Laranja Original Editora e Produtora Eireli
Rua Capote Valente, 1198
05409-003 São Paulo - SP
Tel: (11) 3062-3040
contato@laranjaoriginal.com.br

Dados Internacionais de Catalogação na Publicação (CIP)
(Câmara Brasileira do Livro, SP, Brasil)

Alves, Ariane
  Invenção do fogo / Ariane Alves ; posfácio Rodrigo
Petronio. -- 1. ed. -- São Paulo : Editora Laranja
Original, 2021.

ISBN 978-65-86042-29-0

1. Poesia brasileira I. Petronio, Rodrigo.
II. Título.

21-90370   CDD-B869.1

Índices para catálogo sistemático:
1. Poesia : Literatura brasileira B869.1
Maria Alice Ferreira - Bibliotecária - CRB-8/7964

Fontes: Minion Pro / Cormorant Garamond
Papel: Pólen Bold 90 g/m²
Impressão: Expressão e Arte